The Alphabet Book

illustrated by Denman Hampson

Copyright © 1971 by Scott, Foresman and Company, Glenview, Illinois 60025.
Philippines Copyright 1971 by Scott, Foresman and Company.
All Rights Reserved. Printed in the United States of America.
Regional offices of Scott, Foresman and Company are located in Atlanta,
Dallas, Glenview, Palo Alto, Oakland, N.J., and London, England.

ABCDEFG

HIJK

LMNOP

QRSTUV

WXYZ

a b c d e f g

h i j k

l m n o p

q r s t u v

w x y z

apron
Apron

bee   b
Bee   B

cake   c
Cake   C

dinosaur d
Dinosaur D

**eagle
Eagle**

fire   f
Fire   F

goat
Goat

g
G

hoe   h
Hoe   H

ice
Ice

jeep j
Jeep J

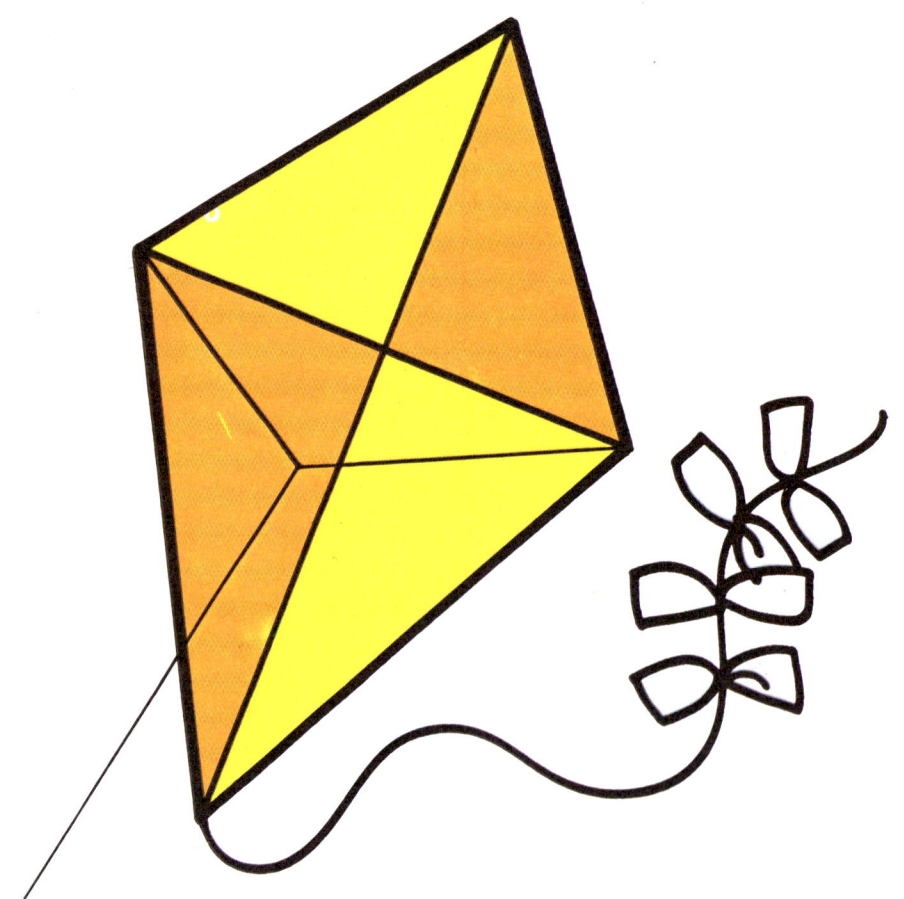

kite k
Kite K

lion l
Lion L

mice　　　m
Mice　　　M

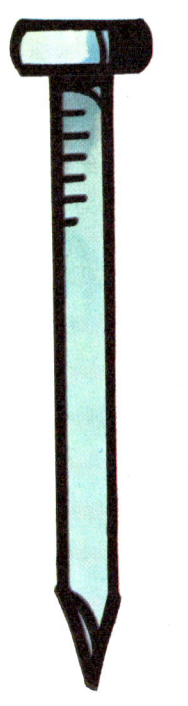

nail
Nail

ogre
Ogre

pirate　　p
Pirate　　P

queen
Queen

rope
Rope

seal
Seal

s
S

tiger
Tiger

unicorn   u

Unicorn   U

vine   

Vine

waves

Waves

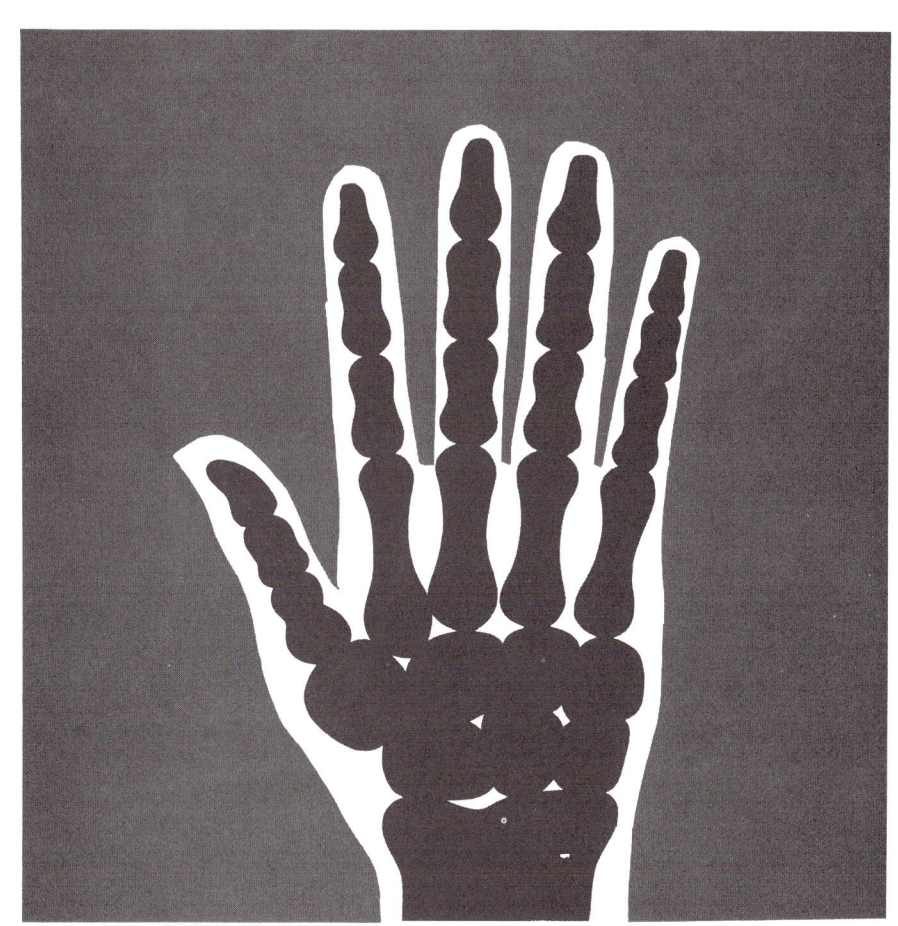

x ray   x

X ray   X

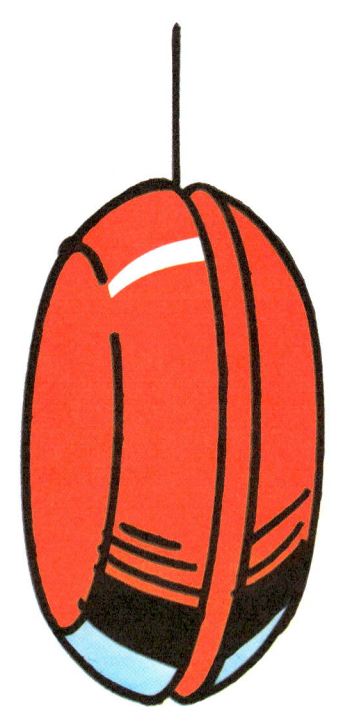

yo-yo
Yo-yo

zebra   z

Zebra   Z

Alphabet Song

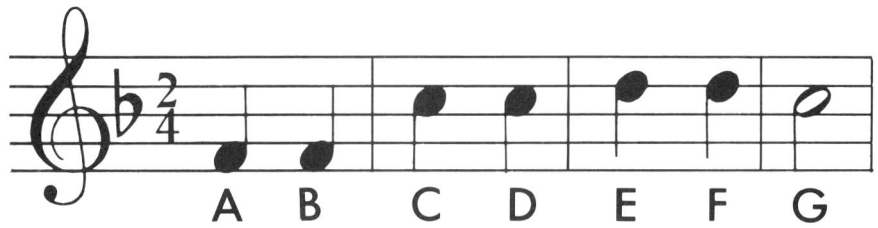

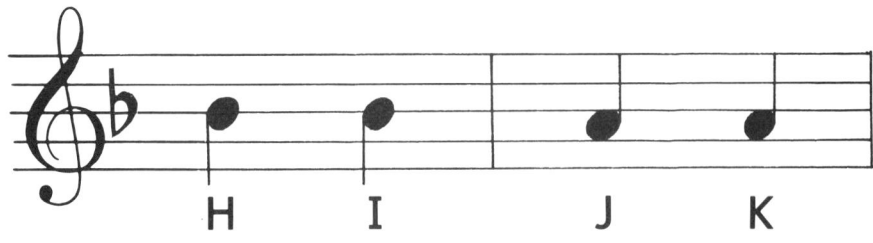

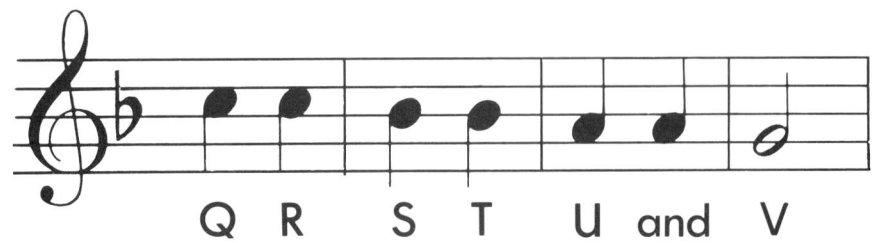

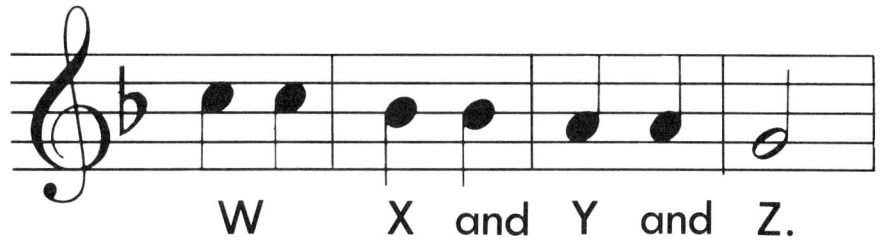

What letters are in your name?

A B C D E F
G H I J K
L M N O P
Q R S T U
V W X Y Z

a b c d e f
g h i j k
l m n o p
q r s t u
v w x y z